Super Drache

Von Russell Hoban

Mit Bildern von Quentin Blake

Otto Maier Verlag Ravensburg

John geht
die Straße hinunter.
Plötzlich
macht es neben ihm
doing.

John schaut
auf den Boden
und sieht einen
runden Eisendeckel
im Bürgersteig.
Darauf steht:
Super Drache GmbH.
John stampft
dreimal mit dem Fuß
auf den Eisendeckel.

„Wer ist da?"
fragt eine Stimme.
„John",
sagt John.
„Was willst du?"
fragt die Stimme.

„Ich will wissen,
was GmbL bedeutet",
sagt John.
„Geselle mit
beschränkter Leistung",
sagt die Stimme.
„Und was bedeutet
beschränkt?"
fragt John.

„Es bedeutet, daß ich
nicht alles kann. Ich kann
nur ein paar Sachen",
sagt die Stimme.
„Und was kannst du?"
fragt John.

„Ich kann Feuer aus meiner Nase
und aus meinem Maul
kommen lassen.
Ich kann fliegen.
Und ich kann Gold zu Stroh
verspinnen,
falls du Gold hast",
sagt die Stimme.
„Ich habe kein Gold",
sagt John.
„Brauchst du denn Stroh?"
fragt die Stimme.
„Nein", sagt John.
„Dann macht es ja nichts",
sagt die Stimme.
„Möchtest du mit mir fliegen?"
„Ja, gern", sagt John.

„Dann mußt du
herunterkommen
und mit mir kämpfen.
Wenn du gewinnst,
nehme ich dich
zum Fliegen mit",
sagt die Stimme.

„Ich bekomme den Eisendeckel
nicht hoch. Er ist zu schwer",
sagt John. „Kannst du
ihn hochheben?"
„Nein, kann ich nicht",
sagt die Stimme.
„Wie können wir uns dann
treffen?" fragt John.

„Nimm die U-Bahn
bis Drachenhausen-Ost.
Dort hole ich dich ab",
sagt die Stimme.
„Wie erkenne ich dich?"
fragt John.
„Ich trage zwei Paar
Stulpenstiefel.

Und wie erkenne ich dich?"
fragt die Stimme.
„Ich habe ein Schwert",
sagt John.
„Also, bis dann",
sagt die Stimme.

„Bis dann", sagt John.

John fährt mit der U-Bahn
bis Drachenhausen-Ost.
Dort empfängt ihn ein Drache
in Stulpenstiefeln.
„Hallo, wie geht's?

Ich bin Super Drache GmbL",
sagt der Drache.
„Hallo, wie geht's?
Ich bin John",
sagt John.

Super Drache
und John
suchen ein leeres
Grundstück.
Sie machen sich
zum Kampf
fertig.

„Drei Runden?"
fragt Super Drache.
„Abgemacht",
sagt John.

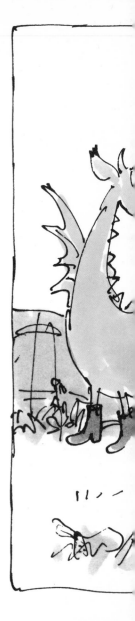

Super Drache und John machen
ihren ersten Kampf.

Sie kämpfen.

Sie kämpfen
und kämpfen.

John gewinnt.

Super Drache und John
machen
ihren zweiten Kampf.

Sie kämpfen und kämpfen.

John gewinnt.
„Jetzt habe ich zweimal
hintereinander gewonnen",
sagt John.

„Ich bin also schon Sieger.
Jetzt mußt du mich
zum Fliegen mitnehmen."

John klettert auf
Super Draches Rücken,
und ab geht die Post.

Super Drache und John
fliegen sehr hoch
und sehr weit.
„Kannst du
Loopings machen?"
fragt John Super Drache.
„Oder kannst du
mit deinem Feuer
etwas an den Himmel
schreiben?"

Super Drache
macht Loopings.

Er schreibt mit Feuer
an den Himmel.

Sie sind ganz hoch oben.
Es beginnt dunkel zu
werden. Super Drache sagt:
„Mir geht gleich
das Benzin aus."
„Ich wußte nicht,
daß du Benzin brauchst",
sagt John.
„Damit mache ich mein Feuer,
und deshalb kann ich
überhaupt fliegen",
sagt Super Drache.
„Und jetzt habe ich so viel Benzin
für die Himmelsschrift
verbraucht,
daß es nicht mehr reicht,
um zurückzufliegen."

„Können wir nicht auf die Erde
hinuntersegeln?" fragt John.
„Nein, das geht nicht",
sagt Super Drache.
„Wenn ich nicht mehr
mit meinen Flügeln schlage,
dann stürzen wir ab.
Und bis unten
ist es ziemlich weit."

„Schau!" sagt John.
„Da unten ist ein
kleiner goldener Mond.
Schaffst du es
bis dahin?"
„Ich probiere es mal",
sagt Super Drache.

Sie landen genau
in dem Moment
auf dem Mond,
als Super Drache
das Benzin ausgeht.
„Wenn wir etwas Weiches
zum Landen hätten,
dann könnten wir
auf die Erde
hinunterspringen",
sagt John.
„Wir haben aber nichts
Weiches zum Landen",
sagt Super Drache.

„Das ist doch ein
goldener Mond",
sagt John.
Er schneidet
mit seinem Schwert
eine Scheibe Gold ab.
„Wenn du Gold zu Stroh
verspinnen kannst,
kannst du etwas Weiches
zum Landen machen",
sagt John
zu Super Drache.

Super Drache verspinnt
das Gold zu Stroh.

John schneidet noch mehr
Goldscheiben ab.
Super Drache verspinnt sie
zu noch mehr Stroh.

Super Drache und John
machen ein riesengroßes
Strohbündel.

Dann klammern sie sich
an dem Strohbündel fest
und springen los.

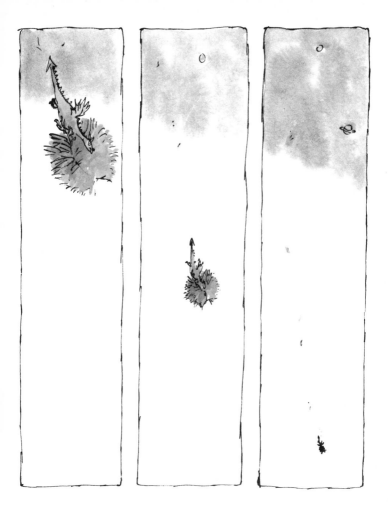

Wumm! Sie landen
mitten auf dem leeren
Grundstück.

„Jetzt muß ich aber
nach Hause
zum Abendessen",
sagt Super Drache.
„Ich auch", sagt John.
„Weißt du was,
Super Drache?"
„Was?" fragt Super Drache.
„Du bist gar nicht
so beschränkt",
sagt John.

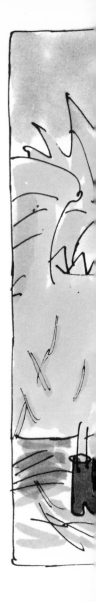

„Oh, danke",
sagt Super Drache.
„Bis bald."
„Bis bald", sagt John.

Dann gehen
sie beide
zum Abendessen
nach Hause.

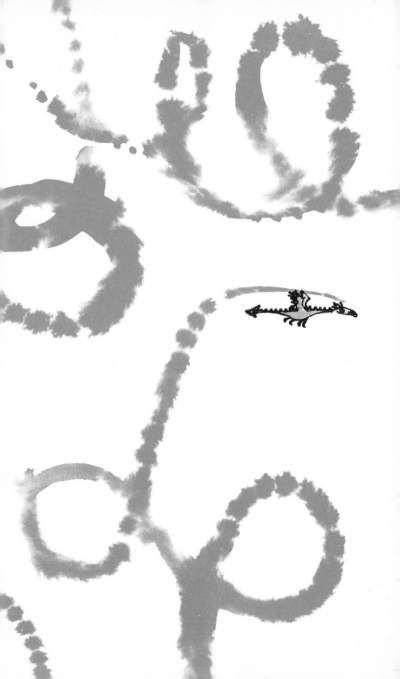

Bücher aus der Serie
Mein erstes Taschenbuch

Das Leben der Tomanis
Von Christine Nöstlinger. Mit farbigen Illustrationen
von Helme Heine. Druckschrift. MET 58

Eine Handvoll Katze
Von Gina Ruck-Pauquèt. Mit Fotos von
Eckehard Hoffmann. Druckschrift. MET 59

Nick und Nina – Besuch bei Tante Olli
Von Margret Rettich. Schreibschrift. MET 60

Gülan mit der roten Mütze
Von Ilse Ibach. Mit farbigen Illustrationen
von Jutta Bauer. Druckschrift. MET 63

Fabeln von Äsop
Lustige Bildergeschichten von Jack Kent.
Druckschrift. MET 64

Mit vereinten Kräften
Von Allan Ahlberg. Mit farbigen Illustrationen
von Janet Ahlberg. Schreibschrift. MET 65

Das ist ja fabelhaft!
Von Allan Ahlberg. Mit farbigen Illustrationen
von Joe Wright. Druckschrift. MET 66

**Lesen lernen soll Spaß machen!
Deshalb für Leseanfänger:
Mein erstes Taschenbuch**